# Y Ddraig Goch

# The Red Dragon

## Aeres Twigg

GOMER

# Y DDRAIG GOCH

Yn Rhagfyr 1999 fe gafoddd breuddwyd Huw Jones ei gwireddu. Am ddeng mlynedd bu'n cynllunio i gael llun mawr o'r ddraig goch ar fryn ger Machynlleth. Bu'n ymladd i gael caniatâd cynllunio, gwerthodd ei gar i fedru talu am lechi cochion arbennig ac o'r diwedd roedd e'n fodlon ei fyd: roedd y ddraig goch i'w gweld yn amlwg yn Nyffryn Dyfi. Roedd wedi casglu cerrig gwynion o wely'r afon Dyfi er mwyn creu'r amlinelliad

# THE RED DRAGON

In December 1999 Huw Jones saw the fulfilment of a long cherished dream. For ten years he had been planning to create a red dragon on one of his fields near Machynlleth. He fought for planning permission, sold his car in order to pay for red stone slabs and eventually he achieved his desire: the red dragon could be seen on the hill. He had collected white stones from the river Dyfi to create the outline, and the specially cut red slabs from

o ddraig, ac fe brynodd lechi coch o Rosan-ar-Wy i greu'r corff. Ac roedd y Ddraig Goch yn weladwy am filltiroedd yn barod ar gyfer dathlu dechrau'r mileniwm newydd. Mae'n fwy na thebyg y gwnaiff barhau hyd ddiwedd y mileniwm hwn!

Mae bron yn sicr mai Cymru yw'r unig wlad yn y byd sy'n defnyddio'r un faner ar ddechrau'r trydydd mileniwm ag yr oedd ar ddechrau'r mileniwm cyntaf.

Yn yr ail ganrif roedd milwyr Rhufeinig yn defnyddio draco fel baner.

Ross on Wye formed the body of the dragon. It was visible for miles above the Dyfi valley in time to greet the year 2000 and will probably still be there at the end of this millennium.

It is almost certainly true that Wales is the only country in the world that ended the last millennium with the same flag as it had had when the millennium began.

In the second century the Roman armies used a draco as their standard.

Roedd gan y draco ddyfais fel pen draig wedi'i wneud o fetel yn sownd i bolyn, a thiwb hir o ddefnydd y tu ôl iddo. Fel y carlamai'r marchfilwyr tuag at y gelyn, roedd sŵn chwibanu'n dod o'r pen ac weithiau roedd marwydos coch yn y pen yn chwythu mwg, ac roedd y corff hir gyda'i gynffon finiog yn llenwi gan wynt ac yn chwifio tu ôl i'r milwyr. Rhaid ei fod yn beth brawychus iawn. Gellir gweld enghraifft yn amgueddfa Koblenz yn yr Almaen.

Gwnaeth Trojan, yr Ymerawdwr Rhufeinig, ddatganiad yn y flwyddyn 104 mai'r ddraig oedd baner pob mintai i fod. Dyma sut y daeth baner y ddraig i'r wlad hon. A phan ymadawodd y Rhufeiniaid yn 410, gadawyd rhai swyddogion a'u baneri yma.

Daeth y Fandaliaid i ddinistrio trefn cymdeithas, a gwasgwyd y ddraig i'r gorllewin - i Gymru.

Dim ond yng Nghymru, ac yn Byzantium, ymhell i'r dwyrain, y goroesodd y ddraig goch ac wedi i'r Twrcod gipio

A draco consisted of a hollow metal head attached to a pole with a long tube of cloth behind. As the mounted soldiers galloped towards the enemy a whistle sounded inside the head and sometimes the head contained red hot coals and seemed to breathe smoke while the air-filled tube with its barbed tail streamed behind. It was surely a frightening sight. An example of a draco may be seen in Koblenz Museum Germany.

The Roman Emperor, Trojan, decreed in the year 104 that every cohort throughout his Empire had to have a dragon standard. So the dragon flag came to the British Isles. When the Romans left in 410, officers and the flag were left here.

The Vandals attacked and destroyed the established order, and the flag was squeezed westwards – to Wales.

The dragon remained in use only in Wales, and in Byzantium, far to the east, and when the Turks captured

Gwelir llun draig wen y Sacsoniaid yn y nhapestri Bayeux, ond diflannodd pan ddaeth y Normaniaid i rym ym Mhrydain.

*We can see the white dragon depicted on the Bayeux tapestry, but it was not used in Britain after the Norman conquest.*

Caergystennin, Cymru oedd yr unig wlad oedd yn dal i ddefnyddio'r faner.

Wedyn daeth y Sacsoniaid o wlad Denmarc i ryfela. Roedd ganddyn nhw ddraig wen ar eu baneri.

Am chwe chan mlynedd bu brwydro rhwng milwyr y ddraig wen a milwyr y ddraig goch hyd nes i'r brenin Offa adeiladu ei glawdd i'w gwahanu.

Gorchfygodd Harri'r VII y brenin Richard III yn 1485. Roedd baner y Ddraig

Constantinople, Wales was the only country that still flew the Red Dragon.

Then the Saxons (who had a white dragon on their flag) arrived from Denmark and for six hundred years there was warring between the armies of the red and the white dragons until King Offa built his dyke to separate them.

In 1485 Henry VII conquered Richard III and when Henry unfurled the red dragon

Goch a hedfanodd Harri ar faes Bosworth yn mesur dau ddeg saith troedfedd o hyd.

Pan oedd y Tuduriaid ar yr orsedd yn Llundain roedd y ddraig ar eu baner ond pan ddaeth y Stiwartiaid i rym wedi marw Elizabeth y Cyntaf yn 1603, diflannodd y ddraig i wneud lle i'r uncorn.

A nawr, gyda chefndir gwyrdd a gwyn y Tuduriaid mae'r ddraig goch yn chwifio uwchben adeiladau ymhob tref yng Nghymru.

on Bosworth field, it measured twenty seven feet.

When the Tudors were on the throne, the red dragon was part of their standard, but when the Stuarts started their reign after the death of Elizabeth I in 1603, it was replaced by the unicorn.

And now, with its white and green Tudor colours in the background, the red dragon flies over public buildings all over Wales.

Heddiw, mae'r ddraig goch yn fwy poblogaidd nag erioed. Bu'n bresennol gyda'r gatrawd Gymreig yn ynysoedd y Falklands, yn rhyfel y Gwlff ac yn Bosnia.

Mae teithwyr o Loegr yn gwybod eu bod yn croesi'r ffin gan bod arwyddion yn dwyn llun y ddraig goch yn eu croesawu. Ar un adeg cynlluniwyd teithiau diddorol ar hyd heolydd bychain cefn gwlad Cymru gydag arwyddion o'r ddraig goch yma ac acw i'ch cadw ar y ffordd iawn. Ond bu'n rhaid rhoi'r gorau i'r cynllun gan bod teithwyr yn dwyn yr arwyddion bach deniadol!

Today the red dragon is more popular than ever. It accompanied the Regiment of Wales to the Falklands, the Gulf and to Bosnia.

Travellers from England are welcomed at the border by its picture on roadsigns. Some years ago picturesque routes along Welsh country roads were marked by small red dragon signs. The custom was discontinued because too many of the attractive signs were taken away as souvenirs!

In 1953 the Queen commanded that the Royal badge of Wales should contain – beneath the crown crest – the red dragon

Ym 1953 gorchmynodd y Frenhines bod bathodyn brenhinol Cymru i gynnwys – islaw'r goron – y ddraig goch ar arfbais ariannaidd a gwyrdd mewn cylch arian ac aur yn dwyn yr arwyddair 'Y DDRAIG GOCH DDYRY CYCHWYN' mewn llythrennau gwyrdd.

Roedd bardd o'r enw Deio ab Ieuan Ddu yn byw rhwng 1450 a 1480. Sgrifennodd ddarn o farddoniaeth i ddiolch i Siôn ap Rhys, Glyn-nedd am anrheg o darw. Mae'r darn hwnnw o farddoniaeth yn cynnwys y geiriau: 'y ddraig goch ddyry cychwyn'.

Dechreuodd y Swyddfa Gymreig (a grewyd yn 1951) ddefnyddio baner o'r bathodyn yma ac roedd llun ohoni yn rhestr y morlys o faneri pob gwlad ym 1955.

Ond doedd pobl flaenllaw oedd a'u gofal yn fawr dros ddiwylliant Cymru ddim yn cyd-fynd â phenderfyniad y Swyddfa Gymreig. Bu rhai fel aelodau seneddol,

on a silver and green background surrounded by a gold-edged silver circle bearing in green lettering the words 'Y DDRAIG GOCH DDYRY CYCHWYN' (the red dragon gives impetus).

The words 'y ddraig goch ddyry cychwyn' were first brought to prominence in a poem by Deio ap Ieuan Ddu (1450-1480) in which he thanks Sion ap Rhys, of Glyn Neath, for the gift of a bull.

The Welsh Office (created in 1951) began to use this badge on their banner, and it was included in the Admiralty list of flags of all nations in 1955.

But prominent people who cared for Welsh culture disagreed with the Welsh Office on this decision. Some Welsh Members of Parliament, members of the Honourable Society of the Cymmrodorion, and the Bardic Gorsedd demanded that the old banner should be restored. A concession was made in that

Anrhydeddus Gymdeithas y Cymrodorion, a Gorsedd y Beirdd yn gwasgu am gael yr hen faner yn ôl. Ac ar Fai 2 1958 daeth datganiad y gellid dewis defnyddio p'un bynnag o'r ddwy oedd orau gennych. Doedd hyn eto ddim yn plesio ac ar Chwefror 23 1959 cafwyd wrth y Gweinidog Cymreig mai dim ond y Ddraig Goch ar gefndir gwyrdd a gwyn oedd i hedfan dros adeiladau'r llywodraeth yng Nghymru, a lle bo'n addas yn Llundain.

on May 2nd 1958 it was decreed that people could opt to use whichever of the two banners they preferred. But this too was not deemed satisfactory, and on February 23rd 1959 the Government Minister with responsibility for Wales stated that only the Red Dragon on a green and white background should be flown over all government buildings in Wales, and, where appropriate, in London.

Mae David Petersen, San Cler, sy'n gweithio mewn haearn a dur, wedi gwneud llawer delw o'r ddraig goch. Mae draig ifanc, nwyfus, gyhyrog yn gafarnau i gyd, ei hadenydd a'i hewinedd yn bigog a gwifren bigog yn sathredig dan ei thraed ac yn ei dwrn, yn gwarchod beddau milwyr adran 38 o'r Gatrawd Gymreig yng nghoedwig Mametz yn Ffrainc.

Mae delw arall o'i waith yn Stadiwm y Mileniwm yng Nghaerdydd, yn chwe deg troedfedd o hyd. Yn ystod ymryson rygbi Cwpan y Byd yn 1999, roedd tân-gwyllt ynghlwm wrthi, a gwelwyd Draig Goch Cymru'n poeri tân a gwreichion i bob cyfeiriad.

David Petersen of St.Clears, who is a sculptor in iron and steel, has made many dragon statues. A young, lively, muscular dragon, all curls and flourishes, with spiky wings and claws, trampling on barbed wire, and clutching some in his upraised fist, guards the tombs of soldiers of the 38th Welsh Division at Mametz Wood in France.

The dragon he made for the Millennium Stadium in Cardiff is 60ft long. During the 1999 World Cup Rugby competition fireworks were attached to it and the Red Dragon of Wales spat fire and sparks in all directions.

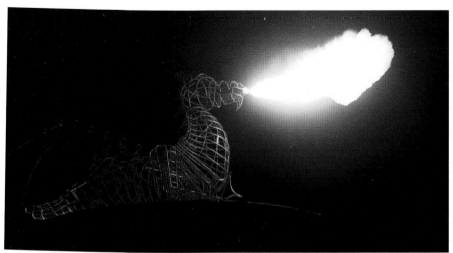

Meibion David sy'n gyfrifol am y ddraig a welir ar y stamp dosbarth cyntaf Cymreig.

David's sons are the creators of the dragon which adorns the Welsh first-class stamp.

Mae rhai o bobl flaenllaw Cymru'n gwisgo'r ddraig goch gyda balchder. Mae Bryn Terfel, Shirley Bassey a Gilian Elisa wedi ymddangos ar y teledu gyda'r ddraig ar eu gwisgoedd. Mae Matthew Stephens yn chwarae snwcer â'r ddraig wedi'i brodio ar lawes ei grys a dywedir bod gan Mark Williams datŵ o'r ddraig ar ei goes.

Well-known people have sported images of the red dragon on their clothing in public. They include Bryn Terfel, Shirley Bassey and Gilian Elisa. Matthew Stephens, the Carmarthen snooker player has the emblem embroidered on his shirt-cuffs, and it is rumoured that Mark Williams has a red dragon tattoo on his thigh.

A beth am gemau rygbi a phêl-droed? Heblaw môr o faneri'r ddraig, mae hetiau, wynebau wedi'i peintio, llanciau mewn gwisg goch gyda chynffon, adenydd a mwgwd y ddraig yn rhedeg ar y borfa sanctaidd yn Twickenham neu Gaerdydd yn rhan bwysig o'r gem.

At rugby and soccer matches we see the red dragon painted on faces in the crowd, red dragon flags being waved and men dressed in red dragon costumes running onto the sacred turf at Cardiff and Twickenham, an obligatory part of the contest.

Ar y teledu gwelwn bwff bach o fŵg yn codi o ben blaen pensil coch. Dro arall mae haearn smwddio coch gyda'i fflecs yn cordeddu tu ol iddo ac awel o ager yn codi o'i du blaen. Mae dŵr ac ager coch yn pistyllio allan o bwmp dŵr coch hen-ffasiwn, ac yn ddiarwybod inni ein hunain rydym ni'n adnabod Draig Goch Cymru. Mae dylunwyr rhaglenni S4C yn cael hwyl ar ddyfeisio symbolau newydd ffraeth. Beth nesa tybed?

On our TV sets we see a red crayoning pencil with a little puff of smoke rising from its point. There's a red clothes-iron with a curly red flex letting off a wisp of steam. A stream of red steam gushes forth from a red painted old fashioned hand-pump and subconsciously we recognise – The Red Dragon of Wales.
The designers at S4C are prolific at devising witty new symbols for their programmes. What next, we wonder.

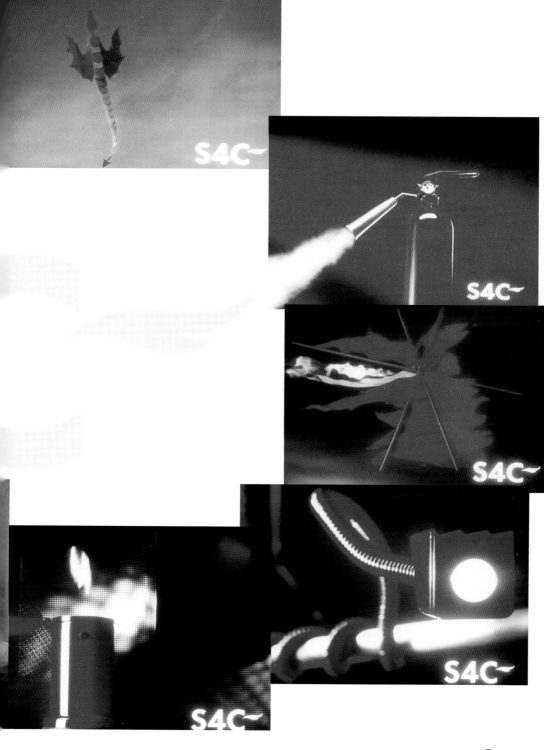

Mae sefydliadau eraill yn dangos dychymyg yn eu defnydd o'r ddelwedd, gan sgrifennu eu henwau – fel 'Tecs' – ar ffurf draig. A beth am Gymdeithas yr Iaith? Gŵyr pawb wrth weld y ddelwedd ar bosteri neu ar ffenest car mai tafod y ddraig goch yw tafod y Cymry.

Pan agorwyd y Cynulliad Cymreig ar y chweched o Fai 1999, roedd y Ddraig Goch yn amlwg iawn. Dwedodd y Tywysog Charles yn ei araith: "Mae'r Cynulliad hwn yn agor dan lygad y Ddraig Goch. Chwi aelodau cyntaf y gynhadledd sy'n cael y fraint o greu hanes".

Other firms and businesses, 'Tecs' for example, show ingenuity in designing letterheads that fit into a symbol of the red dragon. And what of the Welsh language Society? We are all aware that their logo, the dragon's tongue, stands for the Welsh voice.

At the opening of the Welsh Assembly on May 6th 1999, the Red Dragon was given prominence. Prince Charles said in his speech given in Welsh, that the Assembly was opened under the gaze of the Red Dragon and that the first members of the Assembly were privileged to be creating history.

cymdeithas
yr **iaith**gymraeg

PRIF SWYDDFA · LLAWR GWAELOD · PEN ROC · RHODFA'R MÔR · ABERYSTWYTH · CEREDIGION · SY23 2AZ
FFÔN (01970) 624501 · FFACS (01970) 627122
E-BOST swyddfa@cymdeithas.com · Y WE www.cymdeithas.com

Yn ardal Eryri rhwng Beddgelert a Nant Gwynant mae bryn arbennig iawn. Yn adeg y brwydro rhwng y Brythoniaid a'r Sacsoniaid yn y bumed ganrif, daeth y Brenin Gwrtheyrn a'i ddilynwyr i'r ardal. Roedd e wedi bradychu rhai o'i bobl ei hun i'r Sacsoniaid ac wedi cilio i ardal Eryri i chwilio am le diogel rhag ei elynion.

"Rwy'n bwriadu codi castell ar ben y bryn yma," meddai wrth ei ddilynwyr. "Dechreuwch ar y gwaith."

Bu'r gweithwyr yn ddiwyd drwy'r dydd yn ufuddhau i orchmynion y brenin. Ond y bore canlynol gwelsant bod eu muriau wedi eu dymchwel i'r llawr. Buont yn brysur am rai diwrnodau, ond bob bore yr un oedd y stori, roedd eu llafur yn ofer.

Galwodd y brenin am ei ddewin.

"Beth yw ystyr hyn?" meddai.

"Rhaid i chi ddod o hyd i fachgen arbennig a'i aberthu, a thywallt ei waed ar seiliau'r castell," ebe'r dewin.

"Bachgen arbennig?"

"Ie, un sy heb dad ganddo."

"Ewch ar unwaith i chwilio amdano."

In Snowdonia, between Beddgelert and Nant Gwynant, there is a special hill. At the time of conflict between the Britons and the Saxons in the fifth century, King Gwrtheyrn (Vortigern) and his followers came to this district. He had betrayed some of his own men to the Saxons, and had fled to Snowdonia for refuge from his enemies.

"I shall build a castle on this hill," he told his men. Get to work immediately."

His workers toiled all day in obedience to the king's wishes, but next morning found that their walls had been demolished. They persevered for a few days but each morning it was the same story. All their work was in vain.

The king called for his wizard.

"What is the meaning of this?" he asked.

"You must find a special youth and sacrifice him and scatter his blood on the castle foundations," said the wizard.

"A special youth?"

"Yes, one who has no father".

"Go at once and find him".

Daethant o hyd i'r bachgen yn Ne Cymru. Ei enw oedd Emrys Wledig.

"Peidiwch â'm lladd i," meddai wrth y brenin. "Nid dyna'r ffordd i ddatrys eich problem. Fedrwch chi byth adeiladu castell ar y bryn yma."

"Pam lai?"

"Mae llyn yn ddwfn yn y ddaear tu fewn i'r bryn, ac yn y llyn mae dwy ddraig yn cysgu, draig goch y Cymry a draig wen y Sacsoniaid."

Gorchmynnodd y brenin ei weithwyr i dyllu'n ddwfn i'r ddaear. Ac yno gwelsant y llyn, a mynd ati i wacau'r dŵr ohono. A gwelsant y ddraig goch a'r ddraig wen yn deffro o'u cwsg ac yn dechrau ymladd. Wedi codymu ffyrnig, y ddraig goch a orchfygodd. Aeth y brenin i ffwrdd i godi castell yn Nant Gwrtheyrn. Ond adeiladodd Emrys gastell iddo'i hun ar y bryn lle brwydrodd y dreigiau, a byth oddi ar hynny dyna enw'r bryn: Dinas Emrys.

They found the boy in South Wales. His name was Emrys Wledig (Ambrosius)

"Don't kill me," he told the king. "That will not solve your problem. You will never build a castle on this hill".

"Why not?"

"There is a lake deep under the hill and two dragons lie asleep in the lake, the red dragon of Wales and the white dragon of the Saxons."

The king ordered his workers to dig. They found the lake and proceeded to empty it of water.

And they saw the red dragon and the white dragon wake up from their sleep and start fighting one another. After a fierce battle the red dragon was the winner.

Vortigern went away and built his castle at Nant Gwrtheyrn. But Emrys built himself a castle on the hill where the dragons had fought their battle, and so the hill was named Dinas Emrys,and is so named to this day.

Dymuna'r cyhoeddwyr ddiolch i'r canlynol am roi caniatâd i atgynhyrchu lluniau yn y gyfrol hon:
The publishers would like to thank the following for granting permission to reproduce pictures in this volume:

Erfyl Lloyd Davies (t. 3); Römisch-Germanisches Zentralmuseum Mainz (t. 4); Michael Holford Photographs (t. 6); Bosworth Battlefield Centre (t.7) Ian Homer/The Photolibrary Wales (t.9); G. W. Jones (t. 11); The Western Mail and South Wales Echo (tt. 13, 14, 16, 17); Cymdeithas yr Iaith Gymraeg (t. 20); All-sport (t.15); Amgueddfa Werin Cymru /Robin Gwyndaf (t.23); S4C (t. 18-19)

ac i Gwenda Lloyd Wallace am wneud y gwaith ymchwil lluniau.
and to Gwenda Lloyd Wallace for the picture researching.


Cyhoeddir fel rhan o gyfres gomisiwn Cip ar Gymru Cyngor Llyfau Cymru
Published in the Wonder Wales Series commissioned by the Welsh Books Council

ISBN 1 85902 886 1